¡PRACTIQUEMOS DEPORTES!

EL FUTBOL

por Tessa Kenan

TABLA DE CONTENIDO

Palabras a saber 2

¡Juguemos al futbol! 3

¡Repasemos! 16

Índice 16

PALABRAS A SABER

balón

campo

equipo

gol

portería

tacos

¡JUGUEMOS AL FUTBOL!

campo de futbol

¡Vayamos al campo!

Este es mi equipo.

Usamos ropa azul.

6

Su equipo usa ropa roja.

¡Jugamos!

balón de futbol

Pateamos el balón.

tacos

Usamos tacos.

portería

Pateamos el balón hacia la portería.

¡Gol!

¡Ganamos!

¡Buen juego!

¡REPASEMOS!

Apunta hacia el balón de futbol. ¿Puedes nombrar los otros artículos de deporte que se muestran abajo?

ÍNDICE

balón 9, 12
campo 3
equipo 4, 7
pateamos 9, 12
portería 12
tacos 11